Swing trading Utilizzando il Grafico a 4 Ore

Parte 2: Trading sui Fake!

Heikin Ashi Trader

Indice

1. Ottenere il meglio da un fake!

I mercati finanziari sono diventati più efficienti nell'era dei computer. Sono così efficienti che possono permettersi qualsiasi tipo di baldoria (finte) che metta gli operatori privati duramente e permanentemente alla prova. Alcuni sostengono che l'analisi tecnica non funziona più. Algoritmi e black boxes hanno modificato le modalità di gioco così profondamente che i setup più ragionevoli si fatica a trovarli, e tantomeno ci si può operare.

Queste lamentele non sono nuove, e alla questione se era più facile operare sui mercati prima dell'era del computer possono rispondere solo coloro che si trovavano lì già allora e ancora oggi fanno trading, e non si tratta di molte persone. La domanda dovrebbe quindi essere: posso operare sui mercati utilizzando i fake, lo Stop Fishing, i giochi e gli algoritmi di Big Money a mio vantaggio?

La risposta è uno squillante sì! Con la pratica, è possibile visualizzare questi trucchi su un grafico e identificare le intenzioni sottostanti. È anche possibile sviluppare una strategia di trading estremamente redditizia che si basa esclusivamente sulla rilevazione dei cosiddetti "fake". Tale strategia corrisponde alla realtà dei mercati di oggi, invece di cercare di "battere il mercato" con metodi obsoleti.

Allo stesso modo, e grazie all'intelligenza, tutti gli operatori nei mercati finanziari hanno imparato nuove lezioni. Tuttavia, anche se la complessità è indubbiamente aumentata, gli stessi modelli possono ancora essere osservati più volte. Sebbene siano basati sulle normali regole di analisi tecnica, conducono in parte a situazioni assurde, giocando in parte con le aspettative.

La finta fake è diventata la regola che molti trader hanno incorporato con entusiasmo nell'analisi tecnica finendo fuori strada. Con una lieve esagerazione, si può dire per i mercati di oggi che: in primo luogo viene il fake e poi il movimento reale. Coloro che riconoscono questo fatto come se fossero piccoli pesci nel grande mare possono andare a nuotare con i grandi squali. Dopodiché, il trading diventa nuovamente un vero piacere, quello che dovrebbe essere a mio parere, non importa quello che alcuni potrebbero dire sulla noia del fare buon trading.

Chi considera le finte o i fake il principio basilare della propria filosofia di trading, osserva al tempo stesso le intenzioni dei principali attori. Questi ultimi, alla fine, portano il testimone all'interno dell'orchestra. Seguirli non è mai stato sbagliato.

Si potrebbe dire, "Grazie alle loro finte, li riconoscerete!" Si tratta di grandi giocatori che sono in grado di rompere supporti o resistenze che sono stati costruiti nell'arco di diversi giorni e di pescare tutti gli ordini di stop in attesa e poi di guidare allegramente il mercato dalla parte opposta. Individui meno capitalizzati non possono farlo. Una foto vale quanto mille parole:

Figura 1: Future Petrolio Greggio, grafico a 4 ore

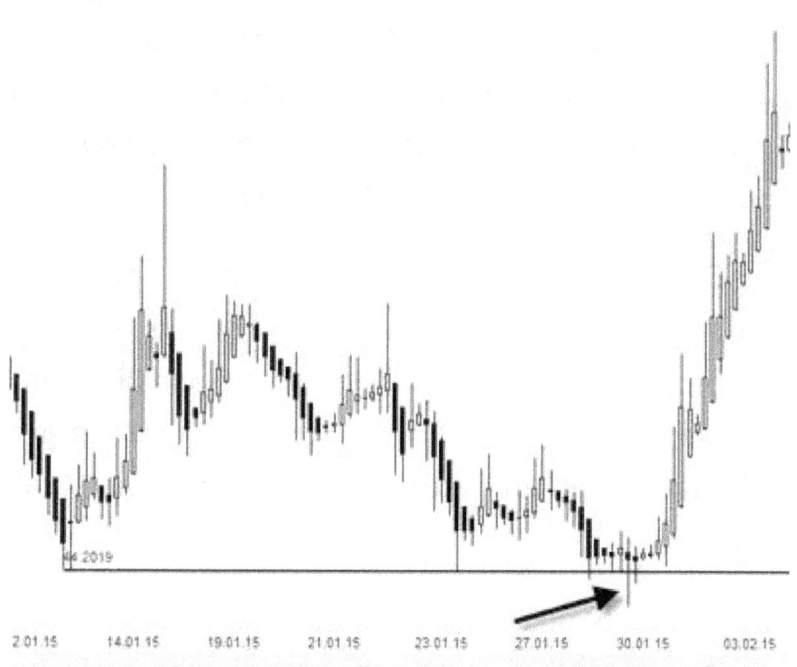

Questo esempio nei futures del petrolio illustra abbastanza bene quanto spiegato finora. Vediamo che il future sul petrolio ha trovato un supporto a US $ 44,20 il 13 gennaio 2015 (linea orizzontale nel grafico). Questo supporto ha retto circa 2 settimane, ed è stato testato più volte (8 volte).

Il 29 gennaio, il mercato ha rotto questo supporto (freccia) e il future sul petrolio è affondato temporaneamente a US $ 43,57. Questo breakout al ribasso avrebbe innescato un segnale short per l'analisi tecnica classica, e sono convinto che molti trader abbiano effettivamente operato su questo segnale.

Forse però essi avranno ottenuto un segnale di alert dalle loro piattaforme sul mercato sceso al di sotto di US $ 44,20. D'altra parte, avevano posto un ordine di vendita stop sotto a US $ 44.20. Tale decisione non è, secondo la dottrina classica, illogica. Dopo tutto, i futures avevano testato questo importante supporto nelle settimane precedenti per un totale di otto volte.

In altre parole, tutti gli operatori del mercato hanno osservato questo livello di supporto e probabilmente lo avevano - come ho fatto io - segnato con una linea orizzontale sui loro grafici. La classica domanda è quindi: il supporto resisterà o il prezzo del petrolio continuerà a cadere?

È proprio questa classica domanda che sta guidando gli analisti tecnici non ben addestrati fuori strada. Lo smart money (denaro forte) ovviamente, è ben consapevole del fatto che i piccoli giocatori si pongono questa domanda. Dopo lo sfogo del 29 gennaio, la decisione presa sembrava short! Ora, vediamo sul grafico che questa decisione era sbagliata. Il future aveva indugiato da qualche ora sotto il livello di US $ 44.20 per poi tornare sopra. Il prezzo di chiusura della candela di breakout si trovava al di sopra del livello di US $ 44.20. Il segnale short presunto era quindi un inganno, perché il prezzo di chiusura su una base di 4 ore dovrebbe formalizzarsi al di sotto del supporto per essere confermato.

Gli "orsi" (i venditori o venditori short) hanno ottenuto un successo temporaneo nello spremere il prezzo sotto al supporto, ma, i "tori" (acquirenti) hanno colto l'occasione per ottenere ancora una volta un ingresso sul mercato a prezzi bassi.

Ci sono stati, ovviamente, più compratori che venditori, il prezzo è salito verso l'alto di nuovo.

Questo è visualizzabile grazie all'ombra lunga delle candele sul grafico Heikin Ashi. Gli amanti della rappresentazione con le candlestick identificheranno questo modello come "martello", generalmente interpretato come un pattern rialzista.

Per lo più, però, si hanno maggiori probabilità di trovare il termine "Pin Bar", ovvero l'abbreviazione di "Barra di Pinocchio". In altre parole, l'ombra lunga stretta della candela simboleggia il naso di Pinocchio, il che significa che qui viene pronunciata una menzogna.

Il breakout al ribasso quindi era da considerare come una finta. Continuerò a parlare nel corso di questo libro, per semplicità di "fake", il termine usato per questo fenomeno da molti operatori.

Solamente i grandi trader, fortemente capitalizzati sono in grado di sfondare un supporto così forte. Una cosa è ben chiara: dal momento che tutti gli operatori del mercato osservano il livello di supporto per settimane, molti cacciatori di occasioni sono disposti a comprare sul mercato non appena il prezzo si avvicina al livello di supporto.

Inoltre, al giorno d'oggi, sembra che quasi come se fosse una regola, ai grandi giocatori piaccia fare finta che da ora (fino al momento del break out al ribasso) si è verificata una nuova fase, vale a dire che il mercato continuerà a scendere. I cacciatori di occasioni che naturalmente avevano coperto le loro posizioni long con un ordine di stop-loss leggermente al di sotto del supporto verranno stoppati dalla caduta improvvisa del prezzo.

Inoltre, gli ordini di vendita stop dei venditori short (questi sono gli ordini di coloro che puntano sulla caduta dei prezzi) vengono eseguiti e amplificano così il ribasso del mercato.

Questo è il momento che i grandi giocatori stavano aspettando! Poiché alla fine della storia, in molti casi i cosiddetti "venditori" ed i cosiddetti "compratori" sono spesso gli stessi personaggi. Prima hanno spinto il mercato verso il basso, piazzando nel tempo grandi ordini d'acquisto al di sotto degli stessi livelli di stop-loss. Quegli ordini di acquisto entrano sul mercato e si comincia a salire di nuovo.

I venditori short improvvisamente si rendono conto che hanno puntato sul cavallo sbagliato e sono spinti a coprire le loro posizioni short con il riacquisto dei loro stessi contratti. Questo spinge il mercato più in alto e ben presto si torna dove si era da settimane, vale a dire al di sopra di US $ 44.20.

Dopo questo shock, naturalmente, nessuno desidera nuovamente andare short. Il risultato si può visualizzare nella parte destra del grafico. Poche ore dopo il fallito breakout, il mercato inizia a salire come se non ci fosse un domani. Il prezzo del petrolio sale di 10 dollari nel giro di pochi giorni. La bellezza delle candele Heikin Ashi è che il trader è in grado di identificare questo trend in modo corretto.

I grandi giocatori si sono divertiti e sono stati in grado di realizzare enormi profitti dopo essere entrati nel mercato senza quasi nessun rischio sotto al supporto. Il fake è stato perfetto. I piccoli trader (cacciatori di occasioni e trader short) sono stati catapultati fuori dal mercato con una perdita attraverso il fake e ora non osano prendere ancora una posizione. Le mani forti del mercato sono ancora una volta riuscite a farla sotto al naso a tutti.

Questo fenomeno, si incontra più volte nei mercati di oggi. Si potrebbe parlare di un modello base, e quelli che sono in grado di comprenderlo possono sviluppare una strategia molto redditizia basata esclusivamente sull'osservazione di tali finte o fake. Oltre alla mia attività di scalping, questo modello è diventato il mio pane quotidiano.

2. Come Identificare i Fake?

I fake possono verificarsi ovunque e in tutte le posizioni possibili sul mercato, e non sono sempre evidenti. Vorrei darvi alcuni consigli sul metodo migliore per riconoscerli e trovarli. Noterete che di solito si trovano meno spesso nei mercati in trend, soprattutto quando si verificano con un alto volume.

Questo tipo di mercato è molto difficile da manipolare come sanno bene i partecipanti al mercato, soprattutto verso quale direzione comprare o vendere. Inoltre, i mercati in trend attraggono l'attenzione di decine di migliaia di operatori che vogliono ovviamente beneficiare del forte trend.

Se si studiano i grafici dei mercati che si trovano in un trend chiaro, si vedrà che l'andamento dei prezzi è per lo più regolare. Ciò si riflette chiaramente nella rappresentazione con le candlestick e ancora meglio nei grafici Heikin Ashi.

Se un mercato sale rapidamente, nel grafico Heikin Ashi vedrete spesso solo candele bianche, in quanto questo grafico registra candele nere solo quando il mercato è in una chiara tendenza al ribasso. Questi mercati hanno un fedele seguito e, di regola, è più facile operare su di essi mentre sono più difficili da manipolare.

Quando il trend è terminato o ha raggiunto il suo obiettivo, il mercato naviga di solito in acque più calme e la volatilità diminuisce. Di solito passa poi ad un andamento laterale oppure si muove in "range", come viene definito dai trader.

Un range non è altro che una zona entro la quale il mercato per qualche tempo si muove senza una meta chiara. Le motivazioni alla base della nascita di un range possono essere varie. Dopo un forte trend, è naturale che il mercato raggiunga un momento di "riposo". Le notizie e i fondamentali sono ora prezzati nei corsi, e gli operatori di mercato sembrano più o meno d'accordo sul livello di prezzo attuale.

Un altro motivo potrebbe essere semplicemente l'assenza di notizie rilevanti. In particolare, sui mercati valutari, che sono mercati ad alta densità di news, l'assenza di importanti dati economici, quali i rapporti sul mercato del lavoro e le decisioni sui tassi di interesse spesso determina che la coppia di valute va lateralmente senza grandi fluttuazioni.

Naturalmente, questo accade anche quando gli operatori sul mercato si aspettano la pubblicazione di dati importanti. Molti trader potrebbero non avere una posizione prima della pubblicazione e sembra che il mercato sia fluttuante senza una direzione chiara. Questo mercato è maggiormente adatto ai trader di giornata ed agli scalper.

Talvolta il prezzo saltella come una pallina da ping-pong senza uscire dal range in maniera apprezzabile. Molti trader che si basano sul trend non hanno alcun interesse in questo range e vanno alla ricerca di migliori opportunità in altri mercati dove si possano presentare occasioni migliori.

È quindi importante per un trader avere le idee chiare su ciò che è in gioco in quel momento. Il mercato sta rallentando dopo un forte trend e tenta ora di raccogliere le forze per un ulteriore movimento? I partecipanti si aspettano importanti novità che darebbero loro una visione della futura direzione del mercato? Oppure non c'è niente di buono in corso in questo mercato?

Siccome ben pochi operatori sono interessati ad un mercato senza trend, il volume di questi ultimi è naturalmente meno elevato. Tuttavia, questo è esattamente il tipo di mercato in cui avvengono preferibilmente i fake. Se solo pochi trader sono coinvolti, è più facile per un operatore medio muovere il prezzo per un breve periodo in una o nell'altra direzione.

Soprattutto quando il prezzo è alla base del range (supporto) o sul lato superiore (resistenza), è forte la tentazione di fingere un falso breakout da parte di un trader ben capitalizzato. Si sa che ci sono sempre molti operatori pronti a rispondere alla manovra. Essi appoggiano pertanto consciamente o inconsciamente il giocatore di poker onnipotente nelle sue intenzioni, ad esempio scambiando il falso breakout o vendendo di nuovo non appena il breakout si rivela essere un falso.

I poveri vecchi operatori in questo caso fanno trading sul breakout stesso. Appena arrivano sul mercato, il nostro trader onnisciente ruota la sua posizione, e il loro trade va in perdita. Alla fine si rendono conto che hanno puntato sul cavallo sbagliato, e sono costretti a chiudere i loro trade con una perdita, che, naturalmente, esercita una pressione ulteriore sul mercato. Ecco perché a volte si vedono, nei grafici dopo una falsa rottura, vendite abbastanza spettacolari.

È preferibile quindi aspettare la rottura, e se la si scopre essere falsa, è meglio agire in senso opposto. Esagerando lievemente si potrebbe dire: i principianti fanno trading sul breakout, i professionisti del settore sul fake. Tuttavia, è sempre meglio prestare molta attenzione. Non ogni breakout è un fake, e alcuni sono in realtà solo l'inizio di una nuova mossa del trend. In questo caso, il trader deve chiudere rapidamente la sua posizione.

Dal momento che i fake appaiono preferibilmente sui livelli di prezzo che noi chiamiamo in analisi tecnica supporto e resistenza, ci aspettiamo quindi movimenti di prezzo regolari e prevedibili. Un supporto significa semplicemente che la pressione di acquisto ad un certo livello di prezzo è solo leggermente superiore alla pressione di vendita. Pertanto, non significa che non ci sono venditori. Questo non va dimenticato, anche se il grafico suggerisce che "il mercato" è in fase di rotazione, non è che tutti i venditori sono improvvisamente spariti.

Tuttavia, penso che i concetti di supporto e resistenza continuino ad offrire ottime opportunità di trading, esclusivamente per motivi di rapporto rischio-rendimento. Molti trader di successo fanno proprio questo: comprano sul supporto e vendono sulla resistenza.

Coloro ai quali sembra troppo semplice, o che sono del parere che ci sono troppi falsi segnali nei mercati di oggi, dovrebbero valutare l'idea di fare trading con i fake. Si potrebbe fare riferimento ad un trader che opera con i fake come ad un operatore che monitora gli eventi esattamente sul supporto ed sulla resistenza. Se identifica un falso breakout, ottiene subito un'opportunità di trading, non importa quanto lontano o quanto vicino risulti essere il prezzo obiettivo in definitiva.

Va da sé che molti scalper si approfittano di questa circostanza e sono abili trader nei fake. Tuttavia, anche se i loro obiettivi di prezzo sono naturalmente più ravvicinati dello swing trading, essi hanno la stessa intenzione e aiutano a spostare il mercato nella direzione del trend principale.

Mi piace chiamare il trader che opera nei fake "operatore scaltro" che fa esattamente il contrario di un normale trader di breakout.

Questo operatore mette semplicemente uno stop-buy sopra la resistenza e uno stop-sell sotto il supporto, nella speranza che il breakout possa avere successo. L'approccio a volte funziona. Ma è più probabile che questo tipo di trader sarà vittima di un fake.

Un trader nei fake aspetta e osserva come si evolvono esattamente gli eventi sulla resistenza e sul supporto. Se accade un breakout, egli prima osserva. Se il breakout è reale, allora saprà farlo funzionare. Egli non prende posizione e certamente non si butta nella mischia; questo approccio lo lascia ai principianti con la consapevolezza che siano probabilmente condannati.

Se il breakout viene identificato come un fake, si presenta allora per il trader una vera opportunità. Si può paragonare un trader fake ad un cecchino che attende a volte per ore le migliori possibilità di sparare un colpo con successo. Un trader fake è quindi naturalmente, un trader molto paziente.

Questo non significa però che il trading con i breakout non funzioni più. Anzi, funziona egregiamente ed è una strategia di trading legittima. Il trader di breakout dovrebbe tuttavia essere un maestro per riconoscere i falsi breakout e cercare di evitarli nel proprio operato.

Soprattutto se la notizia attesa viene pubblicata, il breakout dal range spesso ottiene successo e può trasformare il mercato in un trend quasi senza fine per giorni. Ecco un'altra cosa che il trader dovrebbe sapere. In entrambi i casi, il trader deve sicuramente lavorare con un ordine di stop protettivo, che preserva il capitale di trading dal rischio di perdite maggiori.

Il problema è proprio che i fake sono ormai la regola e i veri breakout invece un'eccezione. Il break di successo deve quindi fornire un guadagno molto elevato per compensare le molte piccole perdite che comportano i vari piccoli fake. Il trading con i breakout può quindi essere molto frustrante quando ci si aspetta un alto tasso di successo.

Inoltre, non tutti i fake possono essere considerati uguali. Un fake contrario al trend principale è una possibilità molto più interessante di un fake nella direzione del trend. La ragione è semplice. Se il trend principale è verso l'alto, un falso break al ribasso del range inferiore potrebbe rappresentare un'ottima occasione per una posizione long. L'esempio del petrolio (figura 1) illustra molto bene questo fatto.

Alcuni trader pensano (ed io condivido!) che i fake contro il trend principale possano essere considerati come le migliori opportunità di trading che si trovano nei mercati di oggi. Anche solo per il rapporto rischio-rendimento. Vale sicuramente la pena impegnarsi in questa configurazione come swing trader e a questo proposito vi mostrerò alcuni esempi in questo libro.

I falsi breakout nella direzione del trend principale sono di solito trade a breve termine. Il miglior obiettivo di prezzo che un operatore può aspettarsi in questo caso è l'altra estremità del range. Pertanto, se la resistenza è stata superata nel breve termine, e il trader identifica questa mossa come un fake andando quindi short, allora il suo obiettivo è il supporto del range.

In questo caso, tuttavia, l'operatore deve sempre essere consapevole che questa falsa rottura potrebbe essere solo il primo tentativo e che in qualsiasi momento un break nella direzione del trend potrebbe avvenire e riuscire molto bene. Raggiungere l'obiettivo di prezzo (l'altra estremità del range) non è affatto una garanzia. Quindi, è bene tenere sempre il quadro generale a mente quando si fa trading con i fake.

Immagine 2: FDAX, grafico a 4 ore, Heikin Ashi

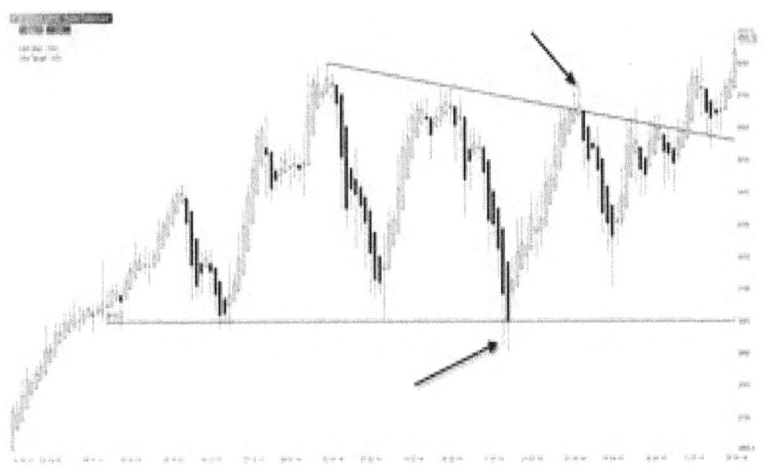

In questo esempio, nel **FDAX** vediamo anzitutto un falso breakout in controtendenza (freccia in basso). Lo scopo del trade era rappresentato dall'estremità superiore del range, che è stata effettivamente ottenuta (raggiunta?). La seconda falsa rottura ha avuto luogo nella direzione del trend principale (freccia in alto). L'obiettivo del trade era rappresentato dalla linea di supporto in basso. Questo obiettivo non è stato raggiunto, e vediamo che, dopo altri due tentativi al rialzo, il breakout è finalmente riuscito (nella direzione del trend principale).

Il trader, pertanto, dovrà continuamente ricordare che egli può fare trading contro il trend principale, però, le probabilità migliori si trovano di solito quando l'evento accade nella direzione del trend.

3. Come fare Trading sui Fake?

Qualsiasi strategia di trading dovrebbe avere regole ben chiare e la strategia del "Trading sui Fake" non fa eccezione. L'identificazione dei fake appartiene alle strategie avanzate; il trader dovrà fare i conti con trade perdenti come in qualsiasi altro campo. È quindi indispensabile che anche qui si applichino le regole di gestione del rischio e di money management.

Soprattutto, si dovrebbero monitorare i trade con buoni rapporti di rischio-rendimento. Un RRR di 1:2 è probabilmente il minimo che si dovrebbe raggiungere, meglio sarebbe, naturalmente, 1:3 o addirittura superiore. Ho riassunto di seguito alcuni punti che ritengo importanti quando si fa trading utilizzando la strategia dei fake. Questi ovviamente, non sono scolpiti nella pietra, e ci sono sicuramente alcune variazioni che non ho citato. Tuttavia, sarà sufficiente iniziare con questa strategia. Con l'esperienza, potrete essere in grado voi stessi di riconoscere i fake sui grafici e sviluppare le vostre impostazioni.

1. Cercate le zone di consolidamento nel grafico. È possibile riconoscerle se il prezzo si muove in un intervallo ristretto, e quindi mantiene poca volatilità.

2. Se possibile, cercate di rendere il range visibile disegnando le linee di trend con almeno due contatti. Anzi, più sono, meglio è.

3. Non cercate di fare trading sul breakout da questo range, ma aspettate di vedere se il breakout ha esito positivo o se si tratta di un fake.

4. Dopo aver identificato una candela fake potrete aprire una posizione nella direzione opposta del breakout. Se il prezzo di chiusura della candela è ancora al di fuori del range, attendete la candela successiva (s), perché in questo caso, potrebbe essere un break di successo.

5. In quest'ultimo caso, il mercato dovrebbe relativamente e rapidamente tornare nel range.

Nel grafico a 4 ore, questo dovrebbe accadere al più tardi dopo 3-5 candele. In caso contrario, meglio rinunciare al trade.

6. Target di prezzo per i trade short è il supporto del range (linea inferiore del range). Target di prezzo per i trade long è la resistenza del range (linea superiore).

7. Lo stop si dovrebbe sempre posizionare un po' al di sopra il massimo della candela fake (con breakout al rialzo) e un po' sotto la candela fake (con breakout al ribasso).

8. Dovreste mantenere un rapporto rischio-rendimento di 1:2. Se la distanza fino allo stop è ad esempio di 50 pips, il vostro target di prezzo dovrebbe essere di almeno 100 pips di distanza. In caso contrario, dovreste rinunciare al trade.

È importante che non si verifichi un'esplosione; la resistenza rompe verticalmente al rialzo (o verso il basso in un supporto). Questo perché il sentiment del mercato potrebbe essere effettivamente cambiato e il breakout prendere corpo, oppure si potrebbe assistere all'inizio di una forte tendenza.

Invece, sarebbe meglio osservare un movimento più piccolo, preferibilmente con un ombra sotto o sopra la candela. Un buon segnale potrebbe essere il doji o la spinning top appena dopo la candela di breakout. Questi segnali indicano un tentennamento dopo il breakout. In altre parole, se non si verifica un vero e proprio momentum, potrebbe essere un'indicazione che si tratta di un fake.

Immagine 3: doji e spinning top

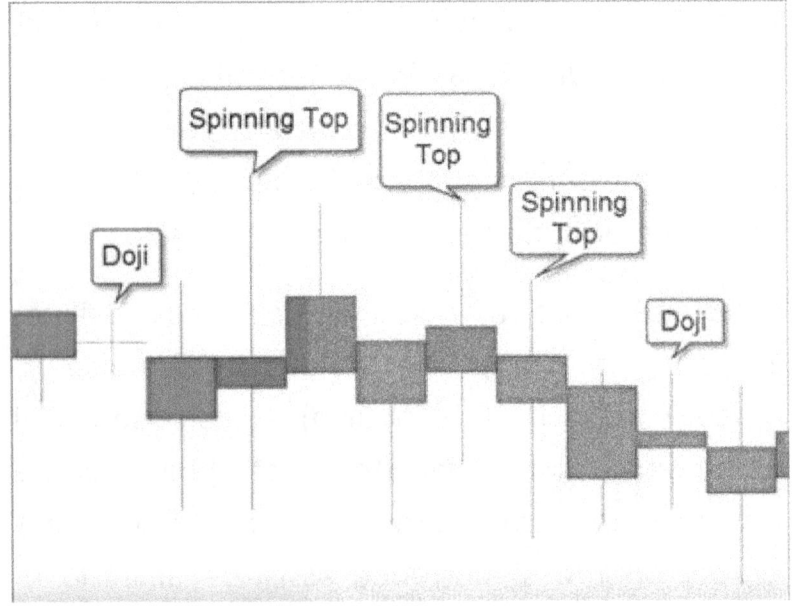

Soprattutto quando le news sono scarse, bisognerebbe essere scettici in merito ai breakout. Qualunque sia il catalizzatore, anche se non proprio importanti cambiamenti nelle news, la percezione di un mercato da parte dei trader permette di avviare un nuovo trend. In assenza di un tale catalizzatore, ci si dovrebbe piuttosto aspettare falsi breakout.

In sintesi, possiamo definire i **seguenti criteri**:

- Occorre determinare un supporto o resistenza significativo e verificabile (minimo due test)

- Un falso breakout o un fake ha preso piede nel modo sbagliato fra i tanti operatori del mercato

- Il supporto (o la resistenza) deve essere ripreso nel più breve tempo possibile. Più breve è, meglio è.

Questi criteri sono semplici e chiari. Tuttavia, illustrerò il fenomeno in questo libro utilizzando diversi esempi in modo che siate in grado di identificarlo quando opererete per conto vostro sui grafici.

Ecco ora una regola importante che possiamo vedere nell'immagine 1: più velocemente si verifica il fake (qui all'interno di una candela a 4 ore), più significativa sarà la successiva mossa nella direzione opposta.

L'esempio dell'immagine 1 mostra quanto affermato in modo impressionante. Il minimo del 29 gennaio è stato di US $ 43,57. Se siete andanti long $ 44,20 dopo il fake sul supporto e avete piazzato un ordine di stop loss a US $ 43.50, avreste sostenuto un rischio di US $ 0.70. Nella parte superiore avreste ottenuto un guadagno potenziale fino a $ 10.

In altre parole, rischiereste 70 centesimi per un potenziale di profitto di $ 10. Avreste quindi immesso un trade con un rapporto di rischio-rendimento di 1:14. Queste sono occasioni eccezionali, e penso che quando si fa swing trading si dovrebbe cercare di identificare con precisione tali opportunità straordinarie. Perché questo è ciò di cui stiamo parlando, quando si parla di trading.

Figura 4: EUR / JPY grafico a 4 ore

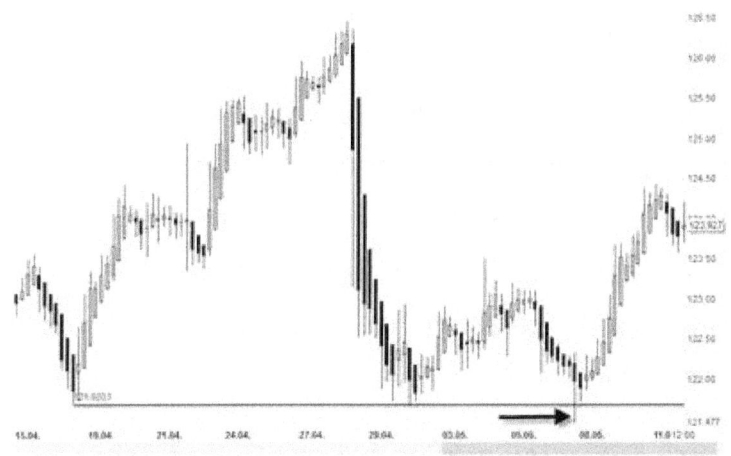

Un caso simile si è verificato il 6 maggio 2016 su EUR / JPY. Qui, "il mercato" ha rotto per un breve periodo il supporto a 121.70 ed è salito brevemente a 121.47. Certamente si tratta solo di 23 pips, ma ancora una volta, abbiamo potuto notare un rally significativo di oltre 200 pips nella direzione opposta.

In questo caso, avrei comprato dopo la candela di breakout a circa 122 e posizionato uno stop a 121.40, cioè leggermente al di sotto del minimo del fake. Pertanto, avrei rischiato 60 pips. Come si può vedere, USD / JPY è salito sopra a 124. Pertanto, si rischiano 60 pips per guadagnarne 200 e, quindi, ottenere un rapporto di rischio-rendimento di circa 1:3.

Seguendo la dottrina classica avreste dovuto comprare il supporto al secondo test (al centro del grafico), e il profitto sarebbe stato decisamente più modesto. Essenzialmente, è meglio tenere gli occhi aperti per un fake per avere una vera e propria buona occasione.

Figura 5: E-mini, grafico a 4 ore Heikin Ashi

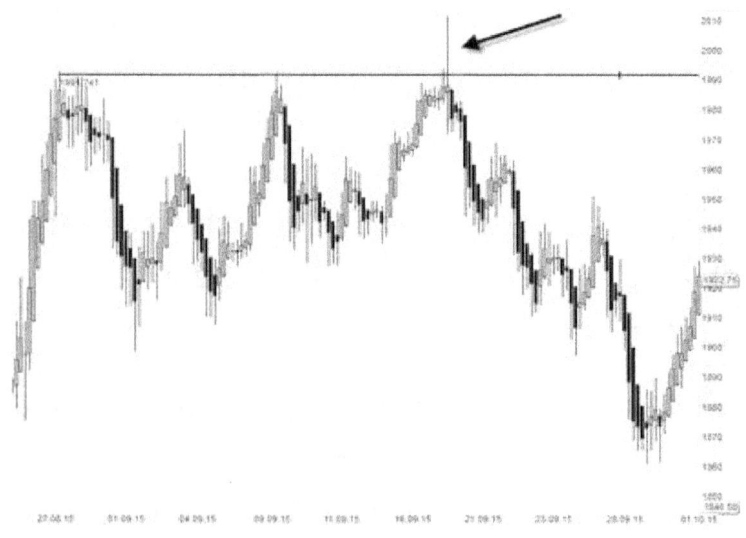

Ciò che è vero per le posizioni long si applica anche alle posizioni short, naturalmente, come questo esempio del **future E-mini SP** mostra chiaramente. In questo caso vediamo che il mercato incontra il livello psicologico di 2000 punti nella chiara resistenza a 1.992,75 (linea orizzontale superiore). Questo livello è stato testato tre volte, fino a quando i "tori" il 17 settembre 2015 hanno iniziato ad attaccare il livello 2000 (freccia). Si può chiaramente vedere come questo livello di prezzo è stato effettivamente raggiunto per un breve periodo e addirittura superato. Tuttavia, i prezzi sono scesi in poche ore nuovamente sotto la resistenza.

Questo movimento ci mostra un chiaro fallimento dei "tori". Ora sappiamo che è probabilmente stato causato da una trappola fatta scattare operatori che in precedenza avevano collocato grandi ordini di vendita su quota 2000. Essi dovevano aspettare che il "mercato" raggiungesse per qualche attimo questo livello così da poter eseguire i loro ordini di vendita.

Questo fake nell'E-Mini si è rivelato un'ottima occasione short, almeno per 50 punti. Io avrei assicurato la posizione con uno stop a 2001 punti, in quanto, se il mercato avesse raggiunto questo livello per la seconda volta, il breakout avrebbe potuto raggiungere il successo.

Rischiare 10 punti per guadagnarne 50 appartiene alle buone abitudini di trading degli swing trader. Ciò corrisponde ad un rapporto di rischio-rendimento di 1:5. Gli swing trader dovrebbero cercare questo RRR: in tal modo aumenteranno la loro redditività e avranno solo bisogno di un tasso di successo del 50%, al fine di costruire un business di trading molto redditizio.

4. Fake su modelli grafici tecnici

Ora che conosciamo il modello base dei fake, possiamo seguirli in diverse situazioni di mercato. Essi si verificano in generale sui punti distintivi dei grafici tecnici, perché lo Smart Money sa che molti investitori al dettaglio cercano qui le loro opportunità di ingresso. Inoltre, ovviamente, ci sono molti ordini stop-loss vicino a quei livelli, e, come abbiamo già visto, per lo Smart Money è molto facile ottenere questi stop.

Non lasciatevi intrappolare però, e imparate a scrutare il gioco dello Smart Money. Ogni tanto, potrete dare un'occhiata alle sue carte e cogliere al volo l'occasione. Come un piccolo pesce, potrete andare a nuotare in mezzo ai grandi squali, e vi assicuro, il bottino ne varrà la pena!

A. Bandiere

Figura 5: USD / JPY, grafico a 4 ore

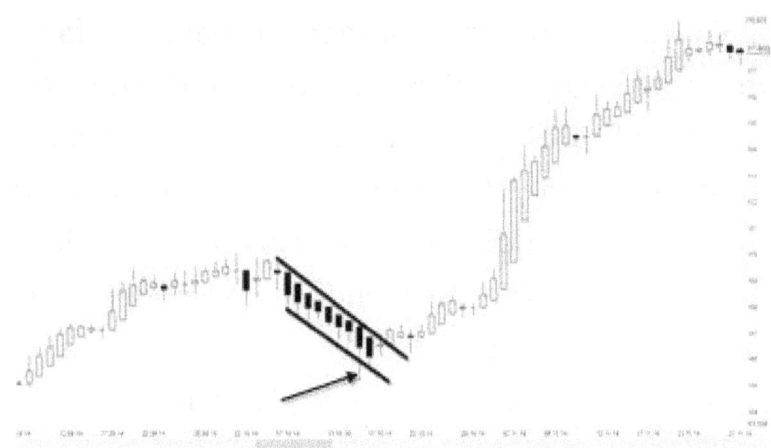

In questo esempio su USD/JPY (Dollaro Statunitense - Yen giapponese), alcuni attori di mercato fanno il loro gioco con le aspettative dell'analisi tecnica classica. USD/JPY si trova in una chiara tendenza al rialzo (candele bianche a sinistra nel grafico), tendenza che è stata separata come al solito da un breve consolidamento chiaramente identificabile (candele nere al centro del grafico).

Tali fasi di consolidamento sono generalmente movimenti opposti contro il trend, i quali di solito si rivolgono nella direzione del trend principale. In questo caso, l'analisi tecnica parla di una "**bandiera rialzista**", perché il precedente trend rialzista si presenta come un pennone e il consolidamento opposto come la bandiera. Naturalmente, esistono anche bandiere ribassiste.

Agli analisti tecnici piace disegnare il modello con due linee di tendenza, perché questo breve consolidamento viene eseguito spesso all'interno di un canale di trend stretto come quello mostrato qui su USD/JPY. L'aspettativa classica è che questo canale di trend venga risolto al rialzo. Ciò potrebbe accadere con una rottura della linea di canale superiore. Questa rappresenterebbe il segnale di acquisto per un'altra ondata del movimento rialzista.

Tuttavia, come si può vedere, è accaduto prima l'opposto. La linea del canale inferiore è stata rotta al ribasso, innescando un segnale di vendita. Dopo tutto, questa "rottura" era buona per circa

100 pips. Questo slittamento avrebbe quindi dovuto catturare molti trend follower che avessero messo stop troppo ravvicinati.

Inoltre, in questo esempio, si vede che il "venditore" lascia presto il campo ai nuovi "acquirenti", che attenuano l'impatto della discesa acquistando il mercato all'interno del piccolo canale di trend. Dopo un ulteriore candela di consolidamento all'interno del canale appare poi una doji, e la candela successiva diventa quindi l'attesa candela di breakout che ha attivato il segnale di acquisto secondo la dottrina classica.

Chiunque avesse osservato il fake e quindi l'intenzione di quegli attori che l'hanno messo in scena, avrebbe già acquistato non appena i corsi fossero ritornati di nuovo all'interno del canale. Il trader fake sa che le mani molto forti (Smart Money) potrebbero accaparrarsi USD/JPY in qualsiasi momento, non appena raggiunto il fondo del canale. Lo stop protettivo avrebbe potuto essere posizionato proprio sotto l'ombra inferiore del fake.

In questo modo, lo swing trader intelligente potrebbe ottenere un prezzo molto più conveniente sul mercato rispetto a quello che avrebbe potuto avere se avesse aspettato il breakout. Egli aveva cercato di ottenere un migliore rapporto rischio-rendimento rispetto al trader di breakout che avrebbe dovuto piazzare il suo stop al di sotto del canale. Quindi, anche qui, un attento monitoraggio delle azioni avrebbe comportato una decisione di trading più intelligente.

Per quanto riguarda le uscite, io chiaramente resterei in questo trend basandomi sul colore dei grafici Heikin Ashi. In questo caso, più di 1000 pip sarebbero stati un profitto mostruoso per questa coppia.

B. Triangoli

Anche i triangoli sono tra gli strumenti classici degli analisti tecnici. In genere appartengono ai cosiddetti modelli di continuazione. Ciò significa che l'aspettativa degli analisti è che una rottura di questo modello geometrico avverrà nella direzione del trend principale.

Figura 6: DAX, grafico a 4 ore, Candlestick

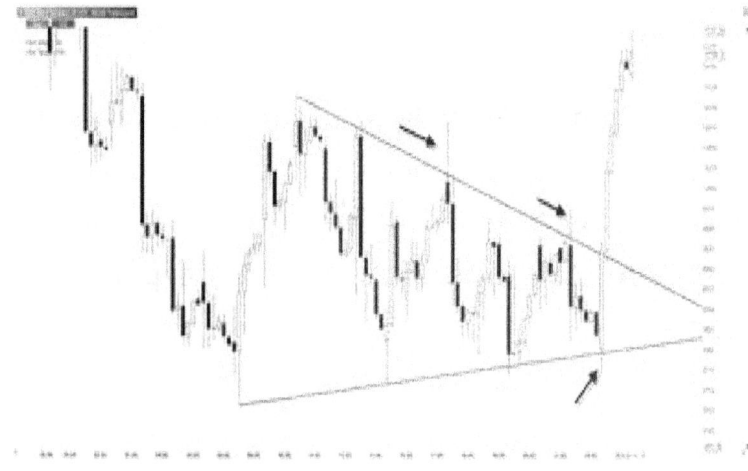

Questa immagine del grafico a 4 ore del DAX illustra il suddetto concetto. Vediamo come l'indice si imbatte in un triangolo simmetrico, dopo un trend al ribasso caratterizzato dalla diminuzione della volatilità. Inizialmente, la volatilità è ancora grande, ma gradualmente si riduce. I massimi sono più bassi e i minimi più alti, per cui è possibile analizzarne il modello. L'analista tecnico, riconoscendo il modello, lo distingue nel grafico principalmente grazie alle due linee convergenti.

In questo esempio, ci sono stati inizialmente ancora più fake. Per due volte, i tentativi erano mirati a sfondare la linea di resistenza verso l'alto (frecce superiori). Entrambi i tentativi non sono riusciti. Uno swing trader sarebbe potuto andare short qui per due volte. Il target price è indicato ogni volta dalla linea di supporto del triangolo simmetrico.

Ora, la caratteristica di un triangolo simmetrico è che il range di trading, fintanto esso esiste, è sempre più vicino. Una decisione che perciò costringeva la direzione dei prezzi da una parte o dall'altra.

Il terzo tentativo di rottura poi, è riuscito molto bene, ed è stato davvero convincente. Vediamo chiaramente come le candele rialziste fanno saltare la linea di resistenza fino a quel momento incontrastata. Il trader non dovrebbe quindi opporsi a tale dimostrazione di potenza dei tori. Proprio la candela di breakout ha ricoperto l'intero range. Se si guarda la riluttanza del mercato prima del break out, si capirà che qui qualcosa di fondamentale è cambiato. Le candele sono allo stesso tempo chiaramente senza ombre significative. Inoltre, sono più grandi di quelle precedenti.

L'aspettativa degli operatori di mercato è che il triangolo simmetrico in quanto modello di continuazione si risolva verso il basso. Questo è accaduto anche nel quarto contatto, ma "il mercato" è sceso sotto la linea solo per breve tempo. Poco dopo l'inizio del massiccio movimento rialzista si è attivato il breakout reale.

Il fake ribassista ha quindi significato l'inizio del breakout rialzista. Si tratta di una finta classica che si vede spesso nei mercati di oggi. È quasi normale che la prima volta il prezzo sembri andare nella direzione sbagliata prima che la vera intenzione divenga evidente. Pertanto, il trading con i fake è un'attività stimolante e gratificante, almeno ai miei occhi.

C. Canali di Trend

Figure 7: NZD/USD, grafico a 4 ore, Heikin Ashi

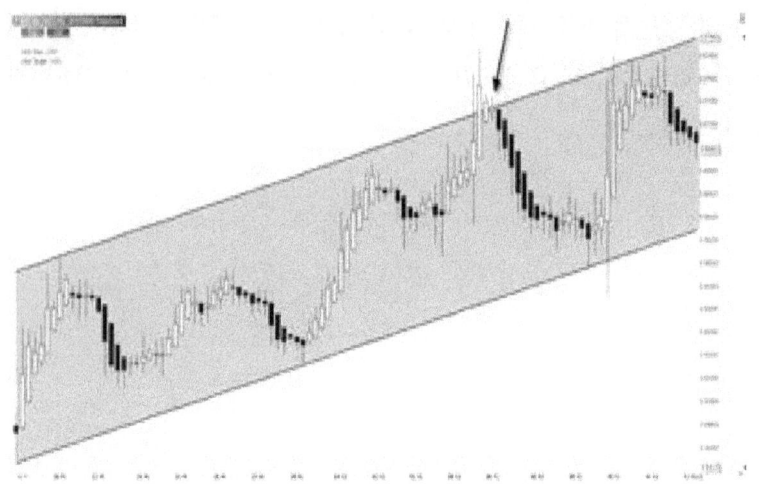

Anche i canali di tendenza rientrano fra gli strumenti preferiti dell'analista tecnico. Sono strumenti sensibili e pratici, ad oggi integrati in quasi tutte le migliori piattaforme. Il principio è semplice: una volta che l'analista ha identificato un trend, come i minimi crescenti in figura 6, potrà verificare se una linea di trend parallela potrà collegare i massimi del trend.

In questo caso, nella coppia di valute NZD / USD (Dollaro della Nuova Zelanda - Dollaro USA) questo era proprio la situazione. Le valute hanno iniziato incidentalmente a muoversi in questo canale di trend. Ogni tocco, sia con la linea inferiore o di supporto che con la linea superiore o di resistenza, prevede la possibilità per l'operatore di eseguire un trade redditizio. Il prezzo indicativo di solito è rappresentato dal successivo contatto con la linea opposta.

I trader che desiderano operare nei canali di tendenza piazzano i loro stop principalmente al di sopra della linea superiore (per le posizioni short) o al di sotto della linea di supporto (per le posizioni long). Dal momento che i principali giocatori lo sanno, essi effettuano una breve "escursione" sopra o sotto una delle due linee per vedere quanti ordini di stop possono pescare in questo modo.

Prima di fare ciò, essi hanno da tempo piazzato gli ordini più consistenti che hanno esattamente l'intenzione opposta. Se vanno sopra al massimo, come in questo esempio, guidano i prezzi finora al rialzo affinché gli ordini short vengano eseguiti sopra la linea di resistenza. Sotto la pressione degli ordini di vendita, il prezzo ritorna giù e finisce di nuovo all'interno del canale. Uno Smart scalper può sentire puzza di bruciato e saltare sul treno che sta per cadere, accelerando ulteriormente il trend.

Il modo migliore per fare trading all'interno dei canali di tendenza non è quello classico di cercare il test successivo, ma bensì aspettare e vedere se emerge qualche fake capace di fornire una spinta molto più forte nella direzione opposta, di quella che può essere generata con il tocco classico. Se i trader di breakout operano nella direzione del fake, ci penseranno due volte prima di andare long contro lo Smart Money che può buttarli fuori dal mercato.

Pertanto, potrebbe essere saggio aspettare piuttosto fino a quando gli stop vengono colpiti e i trader di breakout catturati con il piede fuori dalla giusta direzione per entrare in posizione all'interno del canale di trend. Il trader ha quindi una conferma molto più forte del rifiuto. Inoltre, egli opera nella stessa direzione dello Smart Money che ora guida il mercato nuovamente verso la linea opposta del canale.

Ciò che è interessante nel precedente esempio in figura 7, è che dopo il breakout "fallito", il grafico Heikin Ashi disegna una doji (freccia in alto), il cui prezzo di chiusura è esattamente al di sotto della linea di supporto. Così, gli "acquirenti" non sono riusciti a tenere il mercato al di fuori del canale. In questo caso, dopo il completamento della candela doji a 4 ore una posizione short sarebbe stata la conclusione logica.

Pertanto, se il trader è andato short all'apertura del prezzo della prossima candela (a 0,6733), avrebbe potuto piazzare un ordine di stop-loss in qualche punto sopra il fake (a 0,6790), con un rischio quindi di 57 pips. L'obiettivo di prezzo è stato quindi la parete inferiore del canale, che a quel tempo era un livello più o meno intorno al numero tondo di 0,6600. Il trader ha rischiato 57 pip per vincerne 133. Ciò corrisponde ad un rapporto rischio-rendimento di 1:2,33. Questo RRR è infatti significativamente inferiore di quello degli esempi precedenti; i fake nei canali di tendenza sono ottime opportunità di trading che hanno una probabilità elevata di vincita.

5. Trading sui cross

Figura 8: grafico giornaliero CAD/JPY, Heikin Ashi

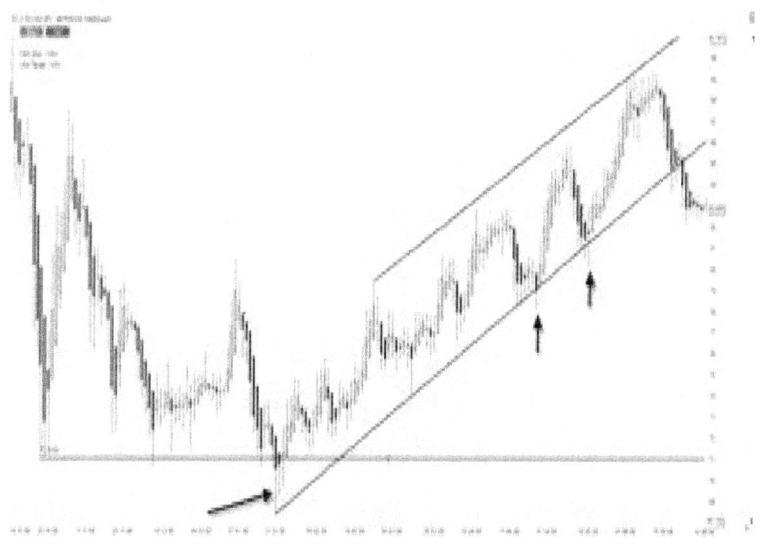

Di tanto in tanto potrebbe anche avere un senso cercare di guardare al di là del proprio naso e fare trading su mercati che non sono al centro dell'attenzione della comunità internazionale dei trader. Di solito si sente nulla o quasi nulla sulla stampa e su internet in merito ai mercati interessanti. A causa del fatto che questi mercati sono meno osservati, il trader percepirà una minore "competizione".

Spesso, ciò significa che i trend sono migliori e le regole dell'analisi tecnica funzionano meglio. Tuttavia, non lasciatevi ingannare: anche in questo caso i grandi giocatori sono sul mercato, come l'esempio precedente CAD/JPY (Dollaro canadese - Yen giapponese) mostra chiaramente.

Se io faccio trading sui cosiddetti cross rate (coppie di valute, dove il dollaro americano non è una delle valute), mi piace osservarli come swing trader sui grafici giornalieri. Questo spesso mi dà una prospettiva a lungo termine nell'arco di diversi anni. Posso vedere come i grandi giocatori trattano le valute. Qui si trovano spesso trend scoraggianti che possono durare anni.

Quindi è positivo avere a che fare con questi mercati. Io preferisco guardare questi grafici durante il fine settimana, di solito la domenica. In quei momenti non sono coinvolto nelle operazioni quotidiane e due giorni di astinenza dal mercato azionario mi regalano la distanza necessaria per vedere le cose che ho trascurato durante la settimana.

Se consideriamo questo esempio in CAD/JPY più in dettaglio, vediamo di nuovo qui un classico breakout ribassista fake dopo che la coppia aveva trovato un supporto a 71 (linea orizzontale inferiore). La rottura di questo supporto è durata solo due giorni.

Le lunghe ombre sotto le due candele Heikin Ashi nere suggeriscono che gli acquirenti hanno preso di nuovo il comando sul mercato (ora conosciamo questi acquirenti). L'ulteriore sviluppo del grafico mostra chiaramente che questo fake rappresentava esattamente l'inizio del trend rialzista che ne seguì. Quello che si vede (breakout verso il basso, freccia), è l'esatto contrario di ciò che è successo effettivamente.

Dopo che lo Smart Money aveva ricoperto su CAD/JPY con numerosi lotti sui minimi, avevamo iniziato a fare trading con questa coppia giorno dopo giorno. Esistevano poi altre due buone opportunità per i fake trader di entrare sul mercato ad un buon prezzo (due frecce a destra). Anche in questo caso, i grandi giocatori hanno contribuito diligentemente a mantenere il prezzo all'interno del canale di tendenza.

6. Modelli di trading più complessi

Figura 9: Grafico giornaliero EUR/JPY

La figura 9 mostra il grafico giornaliero Heikin Ashi di EUR/JPY. Questa sezione copre il periodo dicembre 2013 - agosto 2015. Gli analisti tecnici esperti riconoscono i dati salienti in tempi relativamente brevi su un grafico: questa è la linea di trend interna che spesso mostra un'inversione di ruolo tra supporto e resistenza. Da dicembre

2013 a novembre 2014, la linea è chiaramente servita come una resistenza. I tori non sono riusciti a superare questa linea. Una volta che sono riusciti il 19/09/2014, tuttavia, questo breakout si è rivelato essere un fake (prima freccia a sinistra).

Tra novembre 2014 e gennaio 2015 la coppia di valute ha poi gestito un breakout significativo al di sopra della linea di resistenza. Tuttavia, è tornata alla linea e ricaduta al di sotto di essa. Sorprendentemente, la linea dopo questa escursione era ancora valida ed ha agito più volte come ulteriore resistenza. Dopo altri due fake, (frecce 2 e 3), la coppia è scesa di nuovo fino a quando finalmente il 3 maggio 2015 ha superato di nuovo la linea di resistenza, questa volta con successo.

Dopo questa data, la funzione della linea si è invertita, funzionando quindi come supporto. Inoltre, qui vediamo due fake, che potrebbero essere utilizzati per fare trading molto bene.

Figura 10: EUR/JPY grafico giornaliero heikin ashi, aprile 2015 - giugno 2016

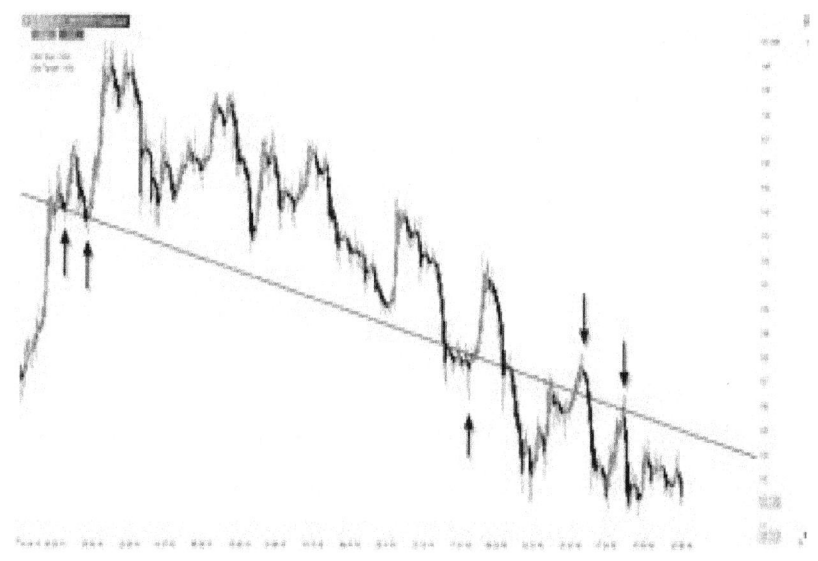

La Figura 10 mostra la seconda parte di questo grafico. La cosa incredibile è che la linea di tendenza interna dal dicembre 2013 aveva ancora la sua validità. La coppia EUR/JPY oscilla ancora intorno ad essa. A volte, agisce come supporto, a volte come resistenza. Fino alla data di questo screenshot (2 giugno 2016), la linea è ancora valida. Pertanto, si prevede che continui i suoi contatti e i suoi fake.

Naturalmente, le linee di tendenza interne con durata oltre due anni sono rare, ma esistono. Questa linea di tendenza interna mostra la tendenza al ribasso in EUR/JPY in essere da due anni e mezzo.

Con la pratica, l'operatore sarà in grado di riconoscere simili linee di trend interne su altri grafici. Sono così interessanti, perché gli operatori del mercato sembrano rispettarle per lunghi periodi. A volte, i tocchi sono precisi, ma spesso lo Smart Money ama mettere in scena un fake. Si tratta di solito di ottime opportunità di trading.

Glossario

Bandiera Rialzista: movimento a breve termine in direzione opposta contro il trend principale.

Candlestick: Metodo di analisi delle variazioni dei prezzi, basata su una tecnologia di analisi giapponese

Modello di continuazione: Pausa nel trend principale, al termine del quale si riprende la direzione precedente.

Cross rate: Coppie di valute, dove il dollaro non è una delle due valute.

Doji: Particolare tipo di candela nella quale i prezzi di apertura e chiusura sono allo stesso livello.

E-Mini Futures: Contratti futures sul S&P500 americano

Forex: Il mercato in cui vengono scambiate le valute.

Martello: Candela di inversione nella rappresentazione candlestick. La candela ha un piccolo corpo con una lunga ombra verso il basso.

HeikinAshi: "In equilibrio su di un piede solo" rappresentazione giapponese delle variazioni dei prezzi.

Linea di trend interna: una linea di trend, la cui funzione varia da resistenza a supporto.

Decisione sui tassi d'interesse: Annuncio delle decisioni della banca centrale sul futuro corso dei tassi d'interesse.

Posizione long: aver acquistato titoli e quindi possederli

Momentum: Il momentum segnala all'investitore ritmo e forza di un movimento dei prezzi.

Money Management: Gestione del denaro, riferita a una strategia che mira a controllare il rischio del portafoglio titoli determinando le dimensioni adeguate delle singole posizioni di trading.

Pip: La più piccola variazione di prezzo che un dato tasso di cambio può effettuare.

Range: un trading range chiaro definito in un determinato periodo.

Risk Management: include tutte le misure per la sistematica identificazione, analisi, valutazione, monitoraggio e controllo dei rischi.

Rapporto rischio-rendimento (RRR): L'RRR è un indicatore dell'utilità di un sistema di trading. Si calcola dividendo la redditività per la perdita massima realizzabile.

Scalping: Tecnica di trading con la quale il trader opera tramite movimenti minimi sul mercato.

Posizione Short: Un trader è short quando vende una posizione senza possederla (vendita short).

Ordine Sell-Stop: Ordine automatico di vendita che viene attivato quando il mercato raggiunge quel livello di prezzo.

Spinning Top: Modello grafico con un piccolo corpo e lunghe ombre.

Stop fishing: Movimento apparente degli operatori di mercato più grandi per innescare gli stop dei piccoli investitori.

Ordine Stop Loss: Ordine di vendita che viene effettuato al raggiungimento di un certo prezzo.

Trend Following: Strategia di trading, che si concentra sul seguire un trend una volta identificato.

Supporto: Livello di prezzo in cui gli acquirenti sul mercato si fanno più consistenti.

Volatilità: Deviazione standard. Specifica il grado di variazione del prezzo di un mercato.

Resistenza: Livello di prezzo in cui i venditori sul mercato si fanno più consistenti.

Altri Libri di Heikin Ashi Trader

Swing trading con il grafico a 4 ore

Parte 3: Dove mettere lo stop?

Nella terza parte della serie sullo "Swing Trading con il grafico a 4 ore", il trader Heikin Ashi risponde alle domande in merito a dove posizionare lo stop. Una volta che un trader introduce lo stop nel suo sistema, la sua percentuale di successo si deteriora. Tuttavia, allo stesso tempo guadagna pieno controllo nella gestione del trading. Gli stop sono, pertanto, non inevitabili ma parte integrante di un sistema orientato al profitto.

La profonda comprensione dello strumento stop può rendere un profitto possibile. Dal momento che si guadagna solo all'uscita dal trade, il trader farebbe bene a condurre la gestione dello stop con la massima cura. La formulazione di regole chiarissime, il trading in trend e con obiettivo di prezzo fisso, dopo tutto, sono requisiti fondamentali per assicurarsi che il trader conduca al meglio il suo gioco.

Ogni trader di successo può finalmente mettere a punto le proprie regole. Non importa quale sia il mercato, questo trader gioca sempre il proprio gioco e non può essere influenzato da qualsiasi cosa. Grazie alla persistenza e alla coerenza con cui questi operatori lavorano sul mercato, essi possono essere certi di riuscire a diventare un giorno "Maestri del gioco".

Sommario

1. Gli stop sono necessari?

2. Che cos'è un Ordine Stop Loss?

3. Gestione dello Stop

4. Fate il vostro gioco

5. Limitate le perdite

6. Lasciate arrivare i profitti

7. Gestione dello stop nei mercati in trend

8. Gestione dello stop con gli obiettivi di prezzo

9. Lo tsunami franco svizzero, un momento di guarigione per la comunità dei trader

10. Quante posizioni si possono mantenere aperte contemporaneamente?

Sull'autore

Heikin Ashi Trader è lo pseudonimo di un trader che possiede più di 15 anni di esperienza nel trading giornaliero sui futures e sui mercati esteri. Si è specializzato in scalping e day trading veloce. In aggiunta a questo, ha pubblicato vari libri auto-esplicativi sulle sue attività di trading. Gli argomenti più popolari sono: scalping, swing trading, gestione del denaro e del rischio.

Stampa

www.ingramcontent.com/pod-product-compliance
Lightning Source LLC
Chambersburg PA
CBHW061216180526
45170CB00003B/1024

*9 7 8 1 5 4 0 6 5 6 7 4 2 *